AF390297

VENTE DU MARDI 7 MAI 1901

HOTEL DROUOT, SALLE N° 11

A QUATRE HEURES

APRÈS DÉCÈS DE M. C***

ET EN VERTU D'ORDONNANCE

NOTICE

DE

QUATRE SPHINX

En Marbre blanc

DU COMMENCEMENT DU XVIII° SIÈCLE

Ayant autrefois décoré un Château de Bretagne

COMMISSAIRES-PRISEURS

M° HENRI BERNIER   **M° PAUL LEMOINE**
11, rue Saint-Lazare   91, rue Lafayette

EXPERTS

MM. MANNHEIM
7, rue Saint-Georges

EXPOSITION PARTICULIÈRE

Le Lundi 6 Mai 1901, de 1 heure 1/2 à 5 heures 1/2

EXPOSITION PUBLIQUE AVANT LA VENTE

Le Mardi 7 Mai 1901, de 1 heure 1/2 à 4 heures

CONDITIONS DE LA VENTE

Elle sera faite au comptant.

Les acquéreurs payeront DIX POUR CENT en sus des adjudications.

L'exposition mettant le public à même de se rendre compte de l'état et de la nature des objets, il ne sera admis aucune réclamation une fois l'adjudication prononcée.

Paris. — Imp. de l'Art, E. Moreau et Cⁱᵉ, 41, rue de la Victoire.

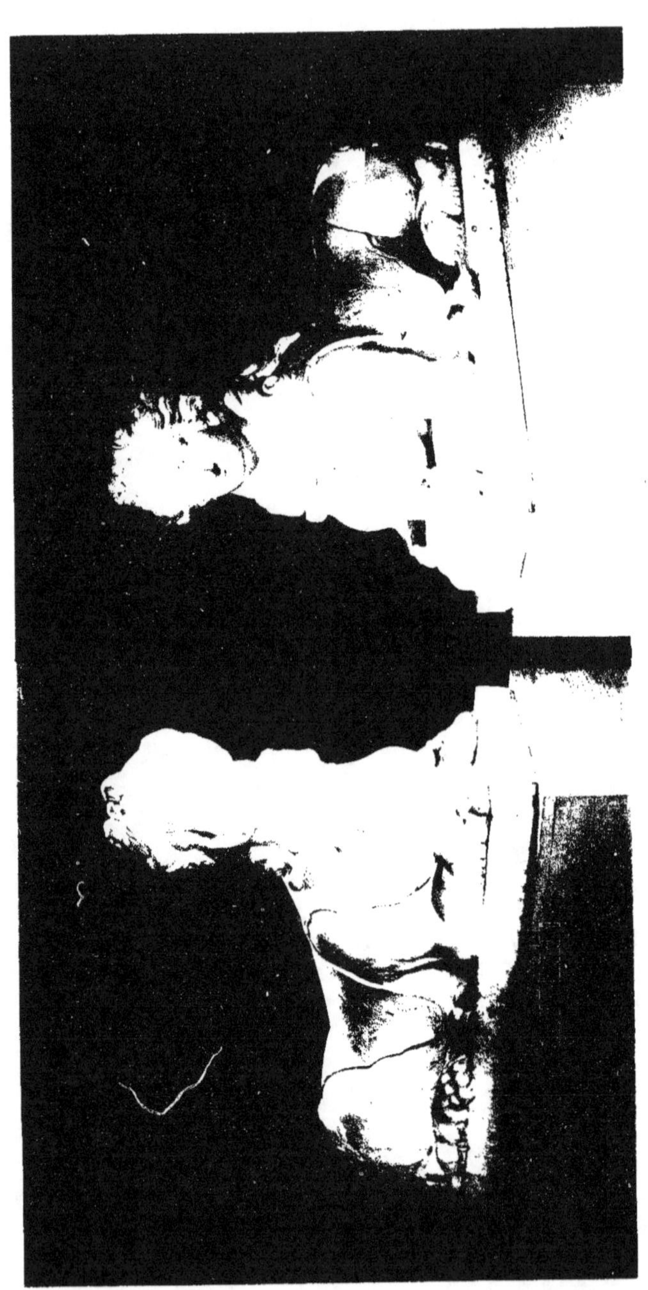

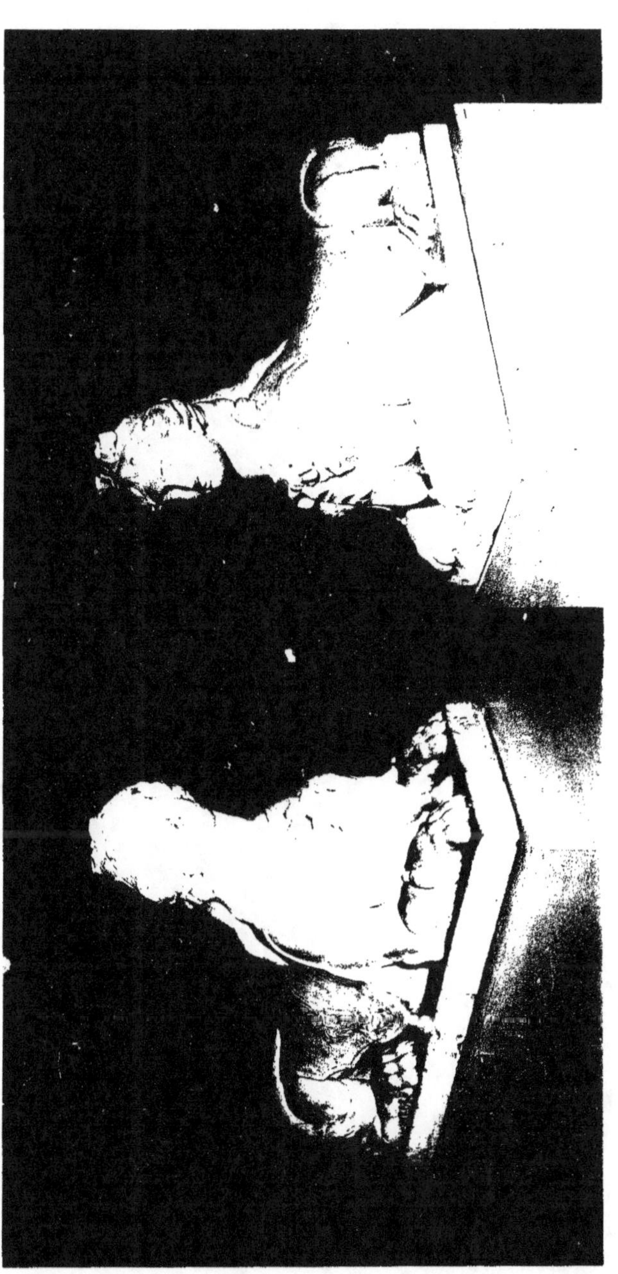

DÉSIGNATION

Quatre sphinx en marbre blanc à têtes de femmes : Portraits
présumés de maîtresses de Louis XIV ; ils sont représentés
couchés, le corps en partie couvert par une draperie ornée
de glands et retenue sur la poitrine par un nœud de ruban.
Commencement du xviiie siècle.

Haut., 80 cent.: 82 cent.: 85 cent.: 88 cent.
Long., 1 m. 8 cent.: 1 m. 9 cent.
Larg., 40 cent.: 42 cent.

24.500 Francs